今日もきまぐれ注意報

トリペと4

ねてても文句いう

コンドウアキ

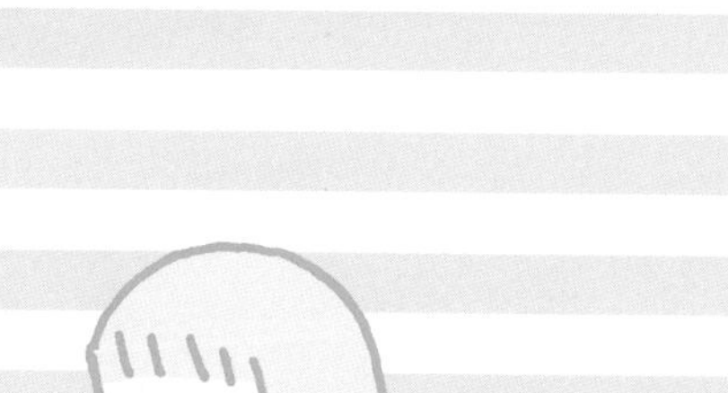

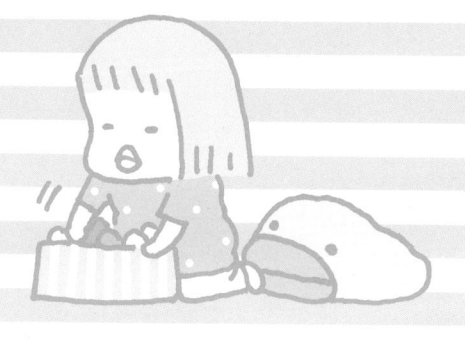

今日もきまぐれ注意報

トリペと4

ねてても文句いう

コンドウアキ

Contents

タロウイチ
2歳児の言動やお
尻事情にドギマギ
しつつも穏やかで
やさしい夫&父。
フリーデザイナー。
トリペ
赤ちゃんを卒業し
イヤイヤ期に突入した
コンドウ家の長女。
ダンスと歌が好き。
私
気まぐれな2歳児に振
り回されつつも、あた
たかく見守るキャラク
ターデザイナー。

はじめに

さあ、とうとう2歳です！

ちまたでも「魔の2歳」「第一次反抗期」「イヤイヤ期」など

言葉だけでも「ふんどし締めなおしてとりかかろう…」的な印象が強い2歳児。

星の数ほどある2歳児エピソードの一部を、本書でどうぞご体感くださいませ～！

第1章

お尻にふりまわされる トイレトレーニング★
& 魔の2歳児、はじまり、はじまり～!

1. はじめてのおよめちゃん

今日は

いい？・さわいだら
出るからねっ
たのむよっ
ウン
ウン

お父ちゃんのイトコの結婚式に参列です

おめでとー
かわいいー
!!
およめさん‥
すごい‥!!
かわいい‥!!

はじめての生およめさんに
トリペしょうげき…

まあまあ
お手々
やわらかいねエ

初めてお会いする
ひいおばあちゃんに
ごあいさつしたり

ふうせん〜
いいな——っ

空にまう ふうせんに
こうふんしたり
しながらも

えらいじゃん…
もぐもぐ

意外にも 式・ひろうえんの間は
もくもくとごはんを食べ
立派なトリペであったが…

もういつの間にか 夜になり
危ないので 若いメンバーが 探すことに
K兄ちゃーん
おーい
ねェ…中庭にふん水
あったよね…
おぼれてたら
大変だよ
ひーーっっ
見…
見てくるっ
うーん
いないか…
ジャボボボ…
バタ
バタ
なにしてんの?
…K兄ちゃん
いなくなった!!
親せきの
少し上の
お兄さん
見なかった?!
エエ。?!
大人が… 1名 行方不明に…
私…少し前まで
すごくよっぱらって
んの見たぞ
ウィー
エエ。

ふん水におちてないよね…
一応ひとまわり…
ん?
えっ?!
いた〜
ココー
エエッ?!
…ご無事でよかったね…
コレナニ?
どうしよう…なめくじでいっぱいだ…
…なめくじを初めてみたトリペであった…
後日…(保育園にて)
トリペちゃんのおよめさん…
ほっ…
王子様とお姫様の結婚式のページを何度もみてたらしい…

2. はじまりはNOから

やだっ

おにぎりやだっ

プールやだっっ

ここむすんでっ
あとで文句いわないでよー

こんなのやだっ

きましたよ…うゆさの魔の2歳…
全てをNoから始めよう…

ごはんやだっ
たべない!!
うちには
それしか
ごはんはありませんから
いやなら食べんでよろしい

お…あの
食いしん坊が…
食べないのか…
フン
スタ
ドス
ドス
スタ

ボスッ

バナナ…
チーズパン…
初めてフテ寝しました

みててね

いつもより
小さいボタン…
パアッ
できたのよ!!
ネコちゃんに自まん…

ある日の
トリペ

ハハハ
プニプニだ

自分ので
やんな…
すいません…
なにで怒るか
分からない 2 歳…

地雷はどこに

3. トイレ事情

トイレ行ってきたら
ムシ
すすめても行かないが…
さあお母ちゃんはちょっとトイレ行ってきます…
ちょ…
ドンッ
だっ
シャーー
く…
すすめないと行ったりする…
いやー出たじゃん!! すごいすごい!!
ハハハ
それでもがんばって ほめてみたりすると…
スッ
ちょっ オムツオムツ!!
尻を出したまま いなくなったりする…

4. おしり事情

こうみえて
放尿中…
おしっこは自然体で出ていたりするので
外見からは分かりづらい
出てないっ
ホラふくなっ
もっこ
は…
……
ちょっと― そこで息をひそめてる方!! すぐ!! コチラにきてくださいーっ
いつもカーテンの裏で1点をみつめてジッとしているのですぐ分かる…

5. 気分屋の尻

よーっしゃっ セーフ!! セーフ!!
めくりっ
……
OKですっ どうぞ!!
さささっ
← 応援のかけ声
うーん うーん
んー〜〜

あ…ちょっと
くらい
オマルに
座って…
タタタ…
逃げる日もあれば
ちょ！
もう30分
座ってるよ…
あきらめなよ…
出るのっ
固執しすぎる日もあり…
先生…私この人の尻のことばかり考えてる毎日です…
あははは
今だけ!!
今だけ!!
う〜〜ん…!!
…なんで出ないんだろう…
まあまた
次がんばろう
3分後
プ〜…
…なんで出ちゃうんだろう…

たのまれてないけど

あとで かしてあげるからね

ある日のトリペ

ハイ じゃあ 今日は公園で あそびましょー
あっ ねこじゃらし!!
ん〜……
おみやげ

おさんぽ

6. 尻とおでかけ

ほぼオムツでいっぱいのカバン
ねートリペ おしっこ出そうになったらトイレ行こうね
うん 分かった
あまり期待せずに…
おしっこ出る!!
キリッ
おおっ イキナリ!!
ニャー
エライッ
おーっ 出た出たーっっ
5分後
出るっ
今行ったばっかじゃん!!
!?
出るよ
出るっ
気のせい 気のせい
ハハハ…

うそ…
……出た…
…信用しなくてごめん…お母ちゃんが悪かった……
ホカホカ
その後2時間で計4回
出る
行く
おしっこ
出る
よし…よくがんばった!!
すごい!! 失敗ナシ!!
結局トイレに行っただけだった…

7. アップデート

ブツブツ
お母ちゃん!! の!! の!!
ハハハ なんかい!! こえだてあったかね
の!!
の!!
おおおっ そうですっ の!!
フフフ
ウンウン
ど… どうしたの? 急に…
め!!
か!!
も!!
と!!

トリペのバージョンが急に
あがる音がきこえる…

8. お父ちゃんは

お父ちゃんとスーパーへ
お買い物…
お父ちゃん!!
んー?
お父ちゃんてチンチンあるー?!
ハハハ…
久々にあわてたわ～…
なんて答えたの?
あるって…

9. チガウヨ…

うつらうつら
べろん
え…何してるの…このヒト…
パチン
ペシッ
トリペちゃんのたいこー
ちがうよ!!

10. ズコズコ

ズコズコ

もう少しで2歳の
おたん生日ですが
絶賛風邪っぴきです

トリペーおばあちゃんからー
荷物きたよー
!!
キッチン!!
!!
おたん生日おめでとう!!だってー
さっそく何かをつくりはじめるトリペ…
鼻づまり
フーフー
ガショガショ
あの…トリペシェフ…ムリなさらないで…
フーフー
ガショガショ
輪ゴム

11. 2歳になった日

♫ねんね〜 ねんね〜♪ ♫♪
1人あそびもすっかりうまくなった…

おめでとー!!
そう…
2歳です!!
おめでとー!!

どこ行くの〜〜?
♪♫
おたん生日は愛しの彼に会いにいくのです…

ガシヨ ガシヨ
あっ でんわ
RRRR‥
大丈夫かね…

しばらくして様子をみにきたら
トリペー そろそろ昼寝…

シエッ シエフー!!
ぐー ぐー
ひぃっ
シエフ… 調理の途中でいきだおれてた…

トリペは行事前後や外出、来客など
興奮することがあるとすぐ熱を出すので
連れていくまでは黙っていたのですが

バースデープランの写真もとって
いただき…ねらうはアンパンマン
ステージ…!!

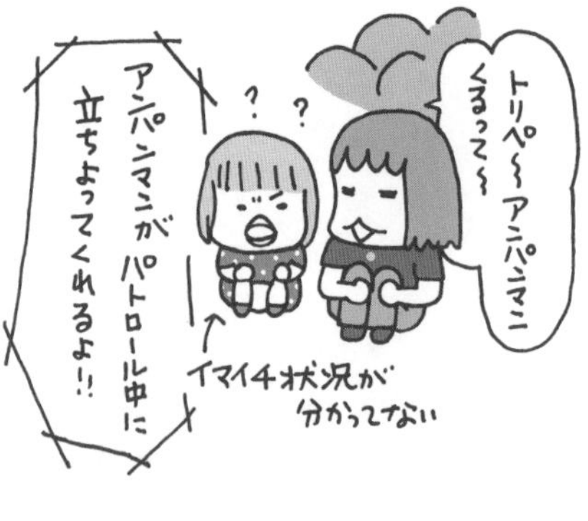

アンパンマンミュージアムに
やってまいりました…

さあみんなで呼んでみようね!!
せーのっ
アーンパーンマーン!!
シュタ…
やあよいこのみんな!!
アンパンマンだよ!!
ババーン!!
ちょ…トリペ!! みてる!? アンパンマンがきたよ!!
トリ…ペ…?
トリペは…
はりきって30分前から並んで一番前とったの失敗したか…?!
わー
アンパンマーン
ものすごくキレがいい さすがのアンパンマン
あまりにしょうげきを受けたのか
アンパンマンが踊りをひろうしまくってくれている間、微動だにせず…
ギャアアアア
あ〜…
そして夜泣き…

12. 成長と…

思えば初めて歩いたのが1歳のたん生日…

たっ
あははは
たのしーっ
ちょ…待…
いいかげん止まって…
私さー…あの子が全然つかれないから、サッカーやらせてみたらさ
1年上の男のコがいる先パイ
めちゃくちゃ体力つけちゃってもう取り返しがつかないことに…
ヨヨヨヨ…
反比例する親子の成長と体力…

13. トイレ、やめました

トリペ!! オマル行こう ウンチ出るよ
プ〜
え〜…
出ない…
ちょ!! オムツはきなよ あと絶対出るから 出そうになったら オマルだよ!!
やっ はかないっ
スタ スタ
♪〜
プリ プリ

ちょっ トリペ!! イスにウンチ 出ちゃってる じゃん!!

体調をくずしたりしている間に
「トイレに行く」ということは完全に
やめにしたもよう…

ほら〜!! オマル 行かないから〜っ
わ〜ん

イス… きれいに なるかなあ

なんでそんなに他人事…

14. じゅんばん

運動会のお知らせ…
えーと用意するもの…
今読んでるからね〜
ちょっと待ってくださいよー じゅんばん じゅんばん
よむ!!よむ!! かして!!
ホイホイ
ほい お待たせ〜
今よんでるからね
ちょっと待ってね じゅんばんよ!!

15. コロンコロン

おさんぽいくから
用意しといて～
ハ～イ!!
あれ～?
トリペどこ行った?
おおおっ くつが!!
ちゃんとはけてるっ
きちーん

おお もうどんぐり落ちてたかー
どんぐり!!
たっ
コロン コロン
トトロや…
トトロがおる…

16. 分からない…

お茶っ
夜中に目がさめた
ねェ・・なんでそんなにエラそうなの・・・
のんだ？
トン…

ギャーッ
そんなとこにおいちゃだめーっっ
はあ？・
いつもおいてるとこじゃん!!
どこに地雷があるのか
さっぱり分からない…
も～意味分からん…
とりあえず今は夜中だから寝よう
ぐひっぐひっ
パタン…

ギャーッ
ドアしめちゃだめーーっっ
いっつもしめてるじゃん!!
?!
とにかく なにもかもが イヤらしい
2歳児…
えっく
えっく
え…かけてくれるの…ありがと…
なんで?
ウワーーン!!
バシッ
ああ…うまくいかなかったの……いいから…
もうっ
この世の…
おわりだ…っ
スローモーション
おーいおーい
おーいおーい
バタバタ
ねェ…お母ちゃんもう寝ていい?
翌朝…
ギャハハハ
おっはよーー♡
毎日こんなです…

17. 知らなかったこと

チンチン洗ってるの
えっ
エッ?!
…トリペチンチンないよ…

18. ちゃんとして！

だっこ!!
よっこい…
ちょっと!!
ちゃんとしっかりだっこしてっ
あぶないでしょうっ
よいせ…

だっこの仕方にも文句がある2歳児…

19. 2歳ですから

20. 今日できても明日はできない

21. おでかけじゅんび

保育園にて
なにかやってる…
あ!! お化粧!!
手つきがなんともいえないわ…
よっこ!!…
いってきまーす
トリペママ いってらっしゃーい 気をつけてねー

22. よみせ

!!

どれ行く!?
お祭りにきました

ぬれる
ぬれる
結局ずっと心うばわれていた
スーパーボールすくいをやることに

ムフー
いろんな色があったのに
ピンクばかりをとったトリペ

トリペピンク好きなんだね

お母ちゃんがスキなピンクだよ
えっ そうなのっ!?

あ 手伝う？
この間手伝わなかったらカンカンだったし…

ってことで細心の注意を払い、無駄な争いをさけようとしている私ですが…

カッ

ガー
できるんだから手伝わないでっ
いちいちすぐ怒らんでよしっ

…過去の経験が役に立つ、なんてことはほぼなく
（毎回ちがうキモチだから♡）

23. りふじん

今だけですから そのうち おさまりますよ
ギリ
ギリ

「これも大事な成長過程」と言われる魔の2歳児…

まうわー
どーじょっ

しかしあのかわいかったトリペに
こうも日々理不尽におこられるなんて

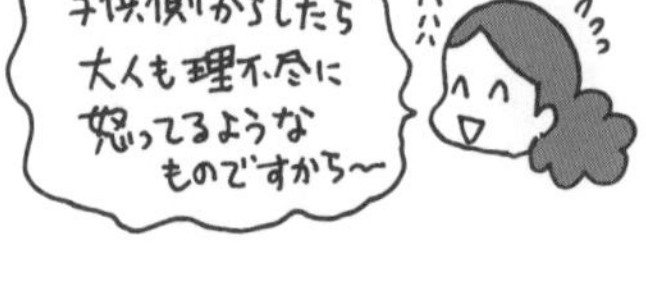
子供側からしたら
大人も理不尽に
怒ってるような
ものですから〜
ハハハ

24. なぞの…

ス…

どっこいしょー
どっこいしょ

えっ?!
なにきゅうに

…ちょっと…

なんで食事中にぼうしかぶってんの!! とりなさいっ
イヤーッ

今までにやったことないようなことに
急にこだわってよくわからない
行動に出たり…

かと思ったら

はもういいのか…
よくわからない…
おいしーね

すぐにあきてやらなくなったり…

ソーラン
ソーラン
ああ…ソーラン節…
なんで…？
じ…上手だね…
どっこいしょー
どっこいしょー
やー!!
チラ
おわったよ
おおーっ
パチパチ
パチパチ

25. なんで？

はいお茶〜
ぐじゅ
ぐじゅ。。
だあっ
はあ?!
なんでそんなことした?!
早く寝なさいよ〜
ぐじゅ。
ぐじゅ。
ぶぺっ

いきなり今までやらなかった
意味の分からないことを急にやる…

なんでそんな
わけのわからんことをするんじゃーっっ
フニ
そして反省は全くナシ…
夜中…
ギャー

パジャマがちがうー
はあ?!
ギュー
ギャアアアア
ギャアアアア
コラッ 脱ぐなーっっ
ギャアアアアア
パジャマはさっきぬらしたでしょうがっ
ぐぅ ぐぅ
もう…2歳…
意味わかんない…

26. これは栗です

この荷物と…
お母さんお母さんっ
それ…
2人目?!
いいえ…これは自前です…
栗を…食べすぎまして…
あらっっやだーっってっきり!!
あははは
お母ちゃんそれ栗なの〜?栗?
ハハハ
うん…栗なんだ…ごめん…
ハハ…

27. あとちょっと！

あかちゃんの"あ"
かあちゃんの"か"
くまの"く"
ほー
一文字一文字は8割方読めている…
じゃあトリペこれは?
くもり
くまの"く"もぐらの"も"りんごの"り"
キリッ
んー

28. だいすきだいすき！
栗！

パク
パク
パクパク…
パ…
ねむいの？
ん…
モグ…
エ?!
だっ
最後の力をふりしぼって布団へ…
寝てるっ
落ちる寸前まで がんばって
たべた 好物の栗…

29. タクシー

人が乗ってる…
あー…

タクシーをつかまえたいのだが…

あー… あれも乗ってる…
アレッ きたわよっ

その日は混んでいて なかなか
つかまらず…

30分程してやっとつかまる…

ああ～ よかった…
ピッ
Taxi
パカ
ヨロ
ヨロ

よかったわね… タクシーに乗せてもらえて本当によかったわね…

車内でトリペはタクシーをほめたたえ
はじめて…

これはっ いいタクシーよっっ
ぶわははははっ

よーし それじゃあ もっといいタクシーになっちゃおう
あっ ありがとうございますっ
ありがとごじゃいますっ

いいタクシーにあめまでいただくトリペであった…

枝豆大スキ!!
ポリ
ポリ
かんげき
しあわせーっ
ぱっ
そ…そんなにスキなんだ…
ある日のトリペ
なんかにおいする〜
クンクン
あっおそうじのにおいか!!
なっとく

30. こうえんのトリペ

おなじみ大人気の
すべり台ですが
トリペは
トリペちゃーん おなかに力入れて～
手でしっかりつかまってー
!!
ズルッ
おなかに力が入れられず…
そり返って…

ズルズルズル…
ああああ～…
ひっくり返ったまま
すべってくるらしい…
でも何回かやるうちに上手にできるようになったんですよ～
お…お手数おかけしまして…
うふふ
あれー?でも1歳の頃はすべれてたよな…?
背がのびてバランスが変わったとか…??
きてっ

31. 宝物だったわたし…

フー
やれやれ
おばあちゃーん

おばあちゃんちへ来ました

……

ひいおじいちゃんは認知症で
もう大分色々分からないのですが

ハハハ
おじーちゃんっ
おじーちゃんっ

トリペがやってくると、とても
うれしそう…

んー

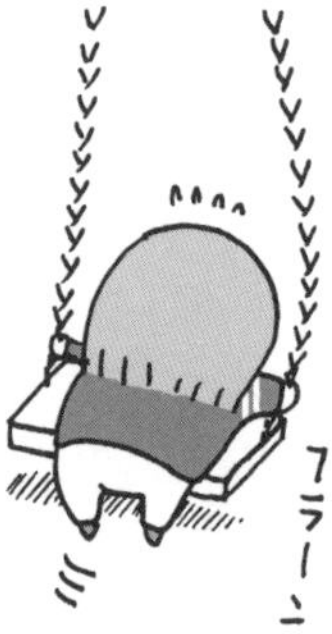
プラーン

のせてっっ
ああ〜
ごめん
ごめん

ブランコはまだ1人でのれず

うーたんや〜
うーたんじゃないっ トリペちゃんっ

この"うーたん"という愛称は
私ではなく、妹の小さい頃の
愛称でして…

うーす

あんなにかわいがられてたのに あきちゃんの
あの字も 出てこないよっ

あっ あきちゃん ちょっと ちょっと

どさっ…

タイトル：私がお姫様だったころ

ところで…私はこの2人の
初孫でして… かつてそれはそれは
だだかわいがりをしてもらって
この世の春を 謳歌してたわけですが…

じいちゃん元気だった？

？
ええ天気ですね…
何気なく その場をかわす じいちゃんの いいところ
このおばはん 誰やろ…とか 思ってそうだな…

もちろん 私のことは 忘れてるし

これね あきちゃんの今までの色々な写真。どうしても いるのだけ数枚残して あとはここ入れといて捨てとくけんね
整理上手
ひっど〜!!

(何度もいいますが、私は初孫でして
じいちゃんとばあちゃんの宝物でした)

おばあちゃんっ 宝物の孫の思い出 捨てていいんですかっ…

これからはっ トリペちゃんの未来を
保管してかな いかんけん…!!
ハイ ゴミ袋

宝物…
世代交代の日…

(ええ…5枚ほど残して
全部捨てましたよ…)

32. ポージング

台所にて…
びくっ
あっ これはっ
ゲニユツ山のっ
タヌキさんじゃないっ
ピーン
冷ぞう庫に貼って あったたぬきの マグネット
ああ… 本当だ 本当だ…
なんで トリペちゃんは いっつも あんな 芝居がかった 動きするん？
さあ…

33. パンツおとどけ

お風呂あがり
しまった!! パンツ忘れたっ
ひょっこり
こんにちはー
!!
おおっトリペ いいところにっ パンツもってきてくれる?!
渡りに船っ

ウン
タタタ…
おおお…
とりあえず上着て…
しーーん…
…やはり分からなかったか…
ヒラ
ヒラ
お母ちゃーん!!

34. イライラのりゆう

あ♫あ アンパンマーン♫
や～さしい キミは～
トリペちゃんのアンパンマンッ うたわないでっっ
エーー

トレーニングパンツ!!
おもらし多少しても大丈夫!! 安心の6重層!!
…ありがとー
おしいっ…!!
そういえば すごく熱心に探してた
いちばんお気に入りの 貸してくれたよ…

この日は…
すくえない…
じわっ
ギー
おちたー
ポロン
左手だよ そっち…
こっちでたべるのー
とにかくなにかと泣く日
つかれちゃったの?
うん
今日は早くねようね
うん
もりっ
くっ
あっさり元気になった…

あれはなんだろう

スタタタタタ
なんだあの動きは…
スタタタタタタ…
ああ!! さっき読んだ絵本のクマの走り方…
!!

こわいがでてきた

そこでおばけがね…
こわい話好きのお友だち…
やさしいおばけだよきっと

ある日のトリペ

35. いつまで…？

ピ
ピ
本日 不快指数200％
あなた最近オマル行かないじゃん
ギー…
オムツやだっパンツッッ
ピンクっ
ピンクのうさちゃんのっ
だから、今せんたくしてるんだってば…
やじゃあああ
うわあああん
だっ
せんたくきみにいったの？
せんたくって干してんだよ
ギャーッ
だからオムツはいてって言ったじゃんっ
せんたくき前で水びたし…

机がうごかない一っ
ぎゃあああ
おはしおちた〜っ
ぎゃああああ
お茶おちた〜
ぎゃああああ
え…お茶…?!
おしっこふき終わったとこ
し…ん…
ズッ
抜けがらになってる…しまおう…

36. 久しぶり…！

日々あばれたおしている
2歳のトリペですが…
お母ちゃん あそぼうね
バサ

およめさんよ
あ…ドモ…
ソロ
ソロ
あそんでくれてありがとうね
にっこり
ああトリペ…
魔じゃない
トリペ…久しぶり…

第2章

ウンとこション！ まだまだ厳しいお尻事情
＆ 魔の2歳児、七変化！

37. トリペせめる

クリスマス係
コソ
コソ

父母会があり、18:30から家を抜け出す…

もう9時か…寝てるね…

帰ってみると…

ツーン
あいつウンコもらしてだまってオフロもボイコット

非常に仲が悪くなっていた…

おまけに泣き叫んで"お父ちゃんなんか大キライ!!"
そう言ったんですぜ!!
オレもらしたウンコ片づけてるのに…!!
ハートボロボロ

反抗期に言われるかもと思ってビビっていた言葉を早くも言われてズタボロ…

お母ちゃんは…トリペちゃんをおいて出かけていなくなっちゃったんだ…

布団に入っても…

ごめん
ごめんよー
だまっていなくなったんだよ…

責められ続け…

ジンベイザメにもあやまってよ
えっなんで…
今日は逆らうまい…
えっとジンベイザメさんごめんなさい…
ジンベイザメさんあっちよ!!
くるっ
?!
なんで?!
えっとジンベイザメさん…

ごめんなさい…
いないよ
ジンベイザメなんか
いないよ
真顔
ハハハハハハ
ひどい…

38. たすけてトリペ！

ないっっ
そうだ
さっきトリペの
オマルにもって
いって…

トイレに入って用を足した後で…

トリペ〜〜ッ
ちょっときてェ〜
助けて〜

夫もいないのでムリかもと思いつつ頼んでみる…

なあに？
あのねっトイレットペーパー
ないの もってきて!! 分かる?!

分かった!!
ホント…?!
大丈夫…？

1分…
シ〜〜ン…
やっぱ
見つけられないか…
それとも
忘れちゃったか…
どっちにしろどうしよう…

そう思った瞬間…

ハハハハハッ

ぐわ〜っっ
トリペありがとーっっ
うれしい？
うれしいっ
すごくうれしいっ

娘に助けられた日…

戻ってきた…
…何で おいてきたの？
ドス
ドス
パタ…
とってくる!!
カン
カン
くるっ
ふき出しそうだけど今笑ったら大変なことになる…
自分でもなにやってんだか
分からないっぽい2歳…

39. カンカン

ぎゃあああああ
ビクッ
本日も安定の夜泣き…
寝床にいつも
おいてある水
こんなお茶っ おいてくるっ
なんなんだ… あの人は…
ってか ふんで いかないで…
カン
カン
ドス
ドス
ドカッ
（台所）

40. とられた…

ねる前におしっこいっといで
ん…
よいせ
!!
…トリペちゃん困っちゃう…

41. あれ…？

急に…
お母ちゃんかわいーー♡
あらっトリペの方がかわいいよ～♡
フイ
スタスタスタ…
え…私なんかまちがえた…？

……
ズル…
父とおるすばん中、をしても
だまっていたトリペ…
フンラ～♫
そこへ父やってきて…
ぐにょ。。。。。。
ぐ…に…？
？
ぐに…？
おそる
おそる…

42. ひみつにして

ただいまー
かぜでお休み中→
ヤレヤレー
↑打ちあわせ帰り
お…かえり…
ヨロ…
えらい目にあった…

!!

だまっていたソレは…
トリペの尻からも脱走して
しまったようで…

あきらかにあわてふためいてる父を
みて動揺しまくるトリペ…

…まあそんなわけで事件がありまして…
動いたら被害は拡大するじゃん…？
はー
それはそれは
おしまいっ

もうそれはおしまい…
ボソッ
あーごめんごめん

…言われたくなかったらしい…

43. あたらしいなかよし

44. はじまり

ふわー 今何時…
なんかよく寝た…

日よう日です

12時て!!
トッ トリペは?!

休日でも遅くても8:00には
トリペにたたきおこされてる

ト…
気配消しすぎだよ…

…トリペは部屋の隅に
伏し目がちでジッとしていた…

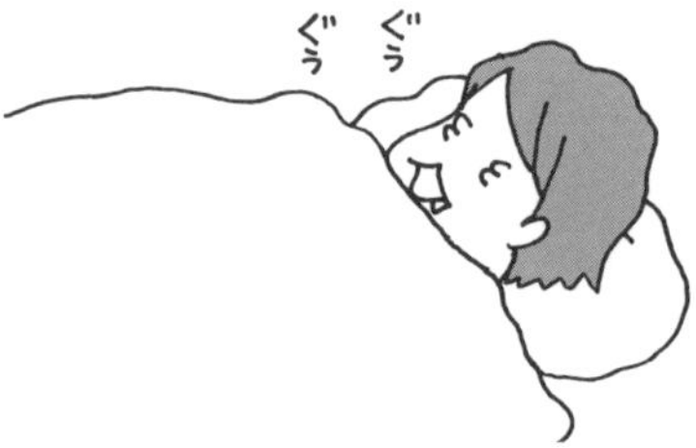
ぐぅ ぐぅ

どっどしたの トリペッ?!
熱ないね…

ト…トリペ?
モグ…
カチャ…
熱出るの…?

ス…
……
ス…
ト…トリペさん…？
布団にいってた…
熱出すのかな…
出すんじゃないか？

…どれくらい今ヤバい？
けっこう
100の中で言うと？
90…キミは？
アタシ170
170て!!
頭の中でスケジュール組み直し…
うわーん
どしたあっ
胃腸風邪でした…

45. まだまだ

うーん
うーん
おもいよう…
トリペちゃん困ったよ～眠れないんだ～
ゴロ
ゴロ…
昼寝しすぎた
まだまだ胃腸風邪とたたかってます…

ちゃんとだっこしててよ!!
ぐえっ
体調が悪いので日中も夜もいつも以上にやりたい放題…

トリペ…オエしちゃったからごはん少しずつね…
ヨロ
ヨロ

お願いですからスープのおかわりもっとくださいーっっ
うわーんっっ
そんな頼み方しないで…
カランッ

決まり

ここで食べるっ
のしっ
おいおい…見えないよ…
母のひざでごはんを食べたがる時は熱が出る数日前…

ある日のトリペ

びくっっ！

ギャーッ
トリペちゃんのおはしーっ
びくっ
よく本気寝言で起こされる…

クーマがミャーケにほめられたー♪

プレゼントをもらったらーイチゴーが入ってたよー♪

ギャハハハッ
時々… 作詞作曲トリペの妙な歌をひろうしてくれる…

47. ハトさん

いっぱい落ちてるね～
ガサッ
宝の山だね…
どんぐり～
ははは
バサ

ハトッ
!!
ビクッ
マメッ!!
マメあるから!!食べてねーっっ
ササササ
ササササ
ハト…困ってるなあ…
ハトさーん
ササササ…

48. いいよ

じっくり…
ビーズ通しに夢中です…
すごーい!! ちょっと見せて~
わっ…
バラバラ
…
じわ…
わーっっ ごめん!! お母ちゃんがわるいっっ
今直しますっっ
本当にごめんなさいっっ
いいよ
お姉さんになったなあ… トリペ…

タタッ…
おお…
自立心が…！
尻に自立心がめばえました…！

49. いいもの

いいものを買った…
ぬっふっふ…
ただのふみ台

子供用便座
設置!!
置いただけ…
これを置いてからというもの

トリペ、トイレ行く？
1人で行くから!! こないで!!
ビシ

50. おうえん

お母ちゃん!! トイレ？
ああ… うん…

がんばってね!!
うん… ありがと…

ちょっ
あぶなっ…

スタコラ
もうっ あぶないでしょっ 落ちたら大変だよっ

たぶん大変な目に
実際にあうのは大人…

朝、トイレで ウンチを25コも しました!!!
…私うれしそうに 記入してるなあ…
当時の連絡帳

お父ちゃん!! ウンチ!?
う、うん

いいからっ トリペ お父ちゃんの ことは 気にしないでっ
がんばるのよっ 出たら教えるのよっ
ドンッ
ドンッ

51. 大人みたいに

ウンチ 出たよ~ ふいて~
はいはーい

52. お世話

風邪をひきました
すまんけど…先に夕飯食べてて…
ズビ
もう少し休んでから食べます…
少し眠ってからご飯食べにいくと
ヨロ
ヨロ
これも食べてね
これもおいしいよ
かいがいしくお世話を焼いてくれるトリペ…
これ…おいしいのよ トリペお母ちゃんと食べたかったな
それ食べる？
トリペ…それ お母ちゃんのチキン…

53. オシャレ

へー!! もうすぐ保育園でこども会があるのか!!
トリペ今度あるこども会、ちょっとオシャレしていいんだって!!
エ°°
!!
まあっ 何着ていこうかしら!!
まだ今週じゃないよー 来週だよー
オシャレに余念がない 2歳女子…

54. 真夜中の おかしづくり

ヘクセンハウスから♡
喜びそう!!
ウフフ
すぅ すぅ
よい子が寝しずまった後は…
スッ
深夜のおかしづくりスタート!!
ゴロゴロ

何かにとりつかれたようだね…
オバケタイム…
部品焼けました…
あのさー…組みたてたいんだけど…
アイシング
うん?
何そのかお…

…組みたたないんだよね…
…え？…
ベロ〜ン…
組みたたない…？
？ ？
アイシングでくっつけるんだよね？組みたててみてよ…
バタ！ー
なんで…こんな…一辺一辺がひんまがってんの…
家が…立たない…
よしっ輪ゴムでとめようっ
おさえててっ

輪ゴム
内側に倒れた…
どべしゃっ
まだ輪ゴムのお世話になってる…
もじゃ～ん
わあっおかしの家だっ
ははは…食べていいよ～
パキ
うんっおいしい!!
まだまだどこでも食べていいよー♡
ささ…
もう大丈夫!!
え…ちょ…
スタスタ

ナイスコンビネーション

お父さんとお買い物
パセリがね～ なかったから
お店の お兄さんにたのんで 出してもらったんだよー
それをお父ちゃんと 一緒にまってたのー
うん そうそう
いいわよっ
はいっ
ほいっ
さっ
なかなかの即戦力 だった…

ある日のトリペ

おやま

あっ お山だっ
大きく なあれ～
ウンウン
大きく なったね!!

55. ごきげん

ギャハハハハ
ギャハハハ
ああ〜あ
ヨイヨイッ♪
おし〜り
ペンペンッ
ギャーハハハ
ギャハハハハッ
やあって くる〜♪
どうしよう… なんなの？ このハイテンション… 今週もたないんじゃ…
ハラ
ハラ
ふだんが「NO!の2歳児」だけに
たまに ごきげんすぎると 熱出すんじゃ
ないかと 心配…
翌日…
おはな がく〜っっ
やっぱり 熱出た…
ねぶ
ねぶ
鼻水を 顔全体に こすりつけてる

ある日のトリペ

ポーズ！

パッパリンチョ!!
最近はやってるトリペのかっこいいポーズ…

56. 予防接種

シール はっとこうね
予防接種を受けにいく
トリペー 泣かなくて えらかったねー
ウン
お母ちゃん!! 泣かなかったわよー
え…？
ああ… みんな 注射 されてる…

あっでも
その前に石を
投げてみよう!! きっと
大きな木になるよ!!
ハハハ
大きな木に
なってきたカッパよー
エイッ
エイッ
…?
あの…
なにやってるの…?
しんかんせん
まってるんだー
かっぱ… もう終わってた…

57. かっぱのなかまたち

タオルをのせて…
みんなにも
のせて…
ぐいっ
かっぱだよー!!
いっしょに
"かっぱのなかまたちー!!"
って呼ぼうね!!
え…?
かっかっぱの
なかまたち…?
かっぱ…?
油断してるとイキナリ
空想の世界へつれていかれる…

58. 久々のひとり寝

ぐぅ
ぐぅ
いつも私の布団で寝ていたトリペ…
うふふ
よせ
よせ
いいね
急にはじめて自分の布団で寝る…!!
おお…!!
広いっ
しかしさむいっ
手がのばせるっ
翌日
メンバーふえてるし…
ハハハ!!
1日だけだった…

第3章

かわる、かわる、かわる…。
めまぐるしくかわる、トリペのまわり

59. さようなら、じいちゃん

それは1本の電話から

母…
PPP

はいもしもし
あー、アキ？

じいちゃん…あかんかったんよ！…

おじいちゃんが亡くなりました

キーン

ああ みんな…
悪いねえ 忙しいのに…

ばあちゃんが足もんだげてる最中にねえ…

母の説明がホントにリアルで、ああじいちゃんは本当にいってしまったんだなあと思い

やさしくてユーモアがたっぷりの
おじいちゃんでした

母が亡くなった時の話を
してくれて、母にとっては
やさしくて大スキな父だから
さびしかろう…と思ったり

…祖父と母のDNAを
妙なところで感じたり…

それどころか口うるさい孫
だったよなあ…

60. じいちゃんが旅立つ日

バタ
ワア
えっ あれ たのんだ?!
ちょ ○○さんに でんわしといて
アンタ サイズいくつ?!
ワア
バタ
これで ええやろ
誰も みとらすまい!!
悲しみにくれる間
現場は戦場と化し…
…じいちゃん… あいかわらずやね. みんな…
じいちゃん ねんね してるね

じいちゃん これも いるやろか
いれたげたら ええんとちゃう?
なんか じいちゃん ちょっとした 旅行に いくみたいやなあ…
ハハハ…
じゃあトリペ。 じいちゃんに お花あげて
おじいちゃん もう 動かないの?
うん…

61. お通夜

とにかく人は人生を……
あぁ…また涙が…
お坊さんのお話
ハンカチ…
ゴソゴソ
げっ
バンバラーン
笑い出したら止まらなくなるタイプ
ちょっ…あのコは一体何やってんの…
ひー
死は必然であり…
じいちゃん… ホントごめん…

62. そして終わって…

火葬がおわりました
おじいちゃんお空にいったの?
ホールにバスでもどるって
どこまで分かってんのかなあ
トリペおしっこ大丈夫?
さっきいった

そして バスの中…
顔色 緑色だよ? 酔ったの…?
ねえ… どうしたの…?
……
トリペ…もって… おしっこもれそうです…
エエッ
母上様… 会場へは あと どれくらいで しょうか…?
15分!?
え?! あと15分 くらいかな…
なに!? トイレ? トリペちゃん?
いいえ… ワタシ です…
ボッ
ボッ
ガマニ おしっっ
ト… トリペの オムツなら あるけど…
お母ちゃん おしっこ いきたいの?!
入らんっ
おしっこって 言葉 言わないでっ
出ちゃうっっ
行きたすぎてふるえてる
今、200% ぼうこうに 支配されてますっ
おじいちゃんゴメンッ

ありゃ~もう見えてんのに渋滞じゃ~~
ガタンッ

降ろしてくださいっ
もれそうなんでっ
エ

あとは…
頼んだ…!

お母ちゃんはやいね~

途中でバス降りてなかった?アレ何しよったん
…しっこもれそうだったんで、お店にトイレ借りにいってた…

走って会場入りした…

おじいちゃん…ホント
ごめんなさい…

63. じいちゃん、最期の おばあちゃん想い

あの日ホントは遠出するつもりやってんかー
でもなぜか原付のカギがみあたらんくって…
あきらめてとりやめたら…
あ、ウーちゃん ちょっと じいちゃん下着かえたいんだけど…
…
← じいちゃんの足をマッサージ中（母は仕事で不在）
ほいほーい
ん…？

息してナーイ!!
下着もってくるけん
エエッ?!!
え…えーと ばあちゃん？
ちょーっと じいちゃん様子おかしいから救急車よんでもらおっかな… へへ…
あー… 大丈夫 大丈夫…
ばあちゃん1人やったら パニクるやん？ 多分原付の カギ、じいちゃんが かくしたんやろなー
じいちゃんと ばあちゃん なかよしやった もんなあ…
↑ 小銭ばらまいて おしっこもらしかけた孫
↑ じいちゃんばあちゃんの 役にたった孫

64. トリペの心配

じいちゃんが骨になって帰ってきて…

わあっロウソクがすごく溶けてるっ
げっ

おそなえのミカンめっちゃくさっとる
ええっ

……
祭だんにみかんのカビが
傷んどったんやろかー
ちょ…これなに…？
ワア
ワアッ
ベリ

…こんなことじゃトリペちゃん心配でおうちに帰れないよ…
す…すいません…

65. その後のじいちゃん

…じいちゃん幸せにしてるかしら
うん
お月さまからみてるよ

66. じいちゃんの日記

祖父は大変きちょう面な人で
毎日日記をつけていた…
ワシが死んだらこれあげるから何かの役にたててくれな
パラ…
本日のパン
菓子のごとし

いつ言うか…

トリペには特に言ってなかったのですが

ブランコいっしょにのろうか？

おうちにいっしょにいこうか？

トリペちゃん先生大スキなの

トリペは大人の話を
聞きながら、きっとなんとなく
“お別れ”を悟っていたんだと思う

67. ひっこし決定

うーん高い……
せまい…
仕事スペース1人3帖…

実は少し前からひっこしを
考えていまして…（手狭になり…）
近所で探していたものの
なかなかいい物件がなく…

これは仕方ないっっ転園も視野に入れて
広くさがそうっ
転園できるかな…

…と範囲を広げて探したところ
わりと希望に近いところがみつかり…

さびしくなります〜

学年がかわる時期にあわせて
（ここを狙わないと空きナシ…）
転園，ひっこしすることに…!!

68. 夜の攻防

お母ちゃん…水とってよ
やだよ…トリペの横にあるんだから自分でとりなよ…

お母ちゃんがとるんだよっ届かないもん!!
届かないなら飲まなくていいよ…

お母ちゃんちゃんと取ってよ!!
取らないよっっ

トリペ…自分でとってお母ちゃんにあやまりな…
↑見かねて仲裁…

ジュー

お父ちゃんと一緒に寝たかったのよ…
ちっ

69. 久々に全開

ジャバ
久々に2歳全開です
たべてるもーん
ヘラ
ヘラ
ちょ…マジメに食べなよ…
お母ちゃんはっ
もう知らんっ
W.C
唯一の個室
逃げてなーいっっ
負けず嫌い
ギャアアアアお母ちゃんが逃げたーっっ
ドン
ドン

70. 回答

ム?!
ほこ
ほこ
あっ
38.5℃!!
パタ……
トリペお熱出てるわ!!
熱くない?寒くない?
あつくもさむくもありません

71. 後退

やだっ
それは突然やってくる…
は? なんで? なんで進化をやめて後退するわけ…?!
血の涙
もぐもぐ
急に手づかみ推進派に…
じゃっぱ
ねえ…なんでそんなことした?!
ここ部屋…
保育園でやってる子がいておもしろそうだった
想像しないような意味の分からないことをする…

72. むねがいたい

明日保育園休み?
ううん明日はあるよ
やったあ!! やったあ!!
トリペちゃん保育園大スキ!!
そっかあよかったねェ…
うんっ
トリペちゃん保育園も先生もいっぱいいっぱいスキなんだーっ
転園…
キリ
キリ
う…っごめん…トリペ…!!

73. 雪の日

明日は雪になるでしょう!!
!!
お母ちゃん!! ちっちゃい雪がふってきたらトリペにちょうだいね!!
大きいのはあげるから!!
ちっちゃいの…?
大きいの…??
雪だるまがふってくると
思ってる…?
翌朝…
トリペッ!! 雪です!! これが雪ですっ
シャッ
!!
雪!! かささして はだしで 歩こうね!!
はだしは冷たいよ…
なんではだし…
じゃあ父ちゃんはだしね!!
なんで!!

74. 雪あそび

フワフワだね～
雪がつもりました
冷たいね～
コロコロ…
トリペなんでそんなの知ってるの?
本にのってた
へ…
へぇ～…

75. 節分

年長組さんのオニがきました
じ…っ
その時は泣かずに
じっと見入っていたトリペ…
オニライス
給食
トリペちゃんちょっぴりこわがりなのよ…
ぼそっ

76. トンボさん

77. 大好きな彼

78. 涙

マナくんの涙はユキ先生がふいてくれるのやさしいねエ
へー
カズくんの涙は〜クラ先生ふいてくれてー
コウくんの涙もクラ先生ふいてくれてー
じゃあトリペの涙は誰がふいてくれるの?
コウくん
フフフ…
やるな…!!

79. ひっこし準備

おひっこしするから色々にもつしようね
だれが?
父ちゃんと母ちゃんとトリペちゃん
……
……
みーんなで行こうね!! 父ちゃんと母ちゃんと
ユキ先生とクラ先生とカト先生とミドリ先生と…
ああ…!! 次の保育園でもトリペをかわいがってもらえますようにっっ
ガタ ガタ

第4章

感染症とひっこしと転園と…

80. まさか…

もうやだ… やめたい…
あきらめるなっっ
連日、メ切とゴミ出しと荷造りに追われています…(ひっこし3週間前)
ん? どうしたの、トリペ そのぷつっとしたの…
え…ちょ… これまさか…
ふるえ声
水ぼうそう
キャー
せっ… 先生!! 私!! 水ぼうそう やってないんです!! かかる気がするっ 早くなんか 打ってくださいっ ワクチンとかっ 水ぼうそう かかってる場合じゃ ないっっっ
受験の時に 予防接種で すませちゃってて…
ははは… 大人は大丈夫 でしょう~

イラ
イラ
病気だわ 外出できないわ
2歳だわ で不キゲン…

トリペにあたられながらゴミ捨て
荷造り…

夜は仕事…

けんしょう炎だなあ…
今すぐ治してくださいっ
ムリだよ…

あかん… もうあかん…

お大事に〜
……
結局なにもやってもらえなかった…

水ぼうそう
〆のひっこし
確定申告
転園
ハラ
ハラ
お母ちゃんどうしたの〜？

81. ヨロヨロ

いたいっ
ギー
いたいわけないじゃん軟こうなのに…

日中はトリペの薬をぬり…

82. どうしよう…

よ…
外出できなくて すさんでるトリペに…
ハイ、トリペ お弁当♡
えっ
やったあ やったあ
お外みながら食べていい?!
ボンッ
早く保育園いきたいな…
早く行かないと転園日に…

83. まさか…2

登園OK
まさかこのタイミングで水ぼうそうなんて…
大変でしたねー
やられました?
トリペずっと行きたい、行きたいって…
でも転園前に少しでもこられてよかったです~~
ええ… まさか この時は思いもよらなかったんです…
翌朝…
ギャーーッッッ
今すぐ病院いってこい
あの日が… 先生にごあいさつする最後の日になるなんて…

さて
この薬
高いんだけど
ひどくならずにすみます
買いますか？
そんな足元みた商売…!!
トリペの
私の
カチリ
カチリ
…買いましたけど…
ブオー
うえええん
お母ちゃんいたい？
30歳こえて全裸で薬をぬってもらう…
トリペごめん…
いたいわけないじゃん
ちなみに「カチリ」は軟こうですが
発しんにつけるとピリピリしみます…

84. ちょっと…

感染者用待合室
プラン
…
しーー…ん…
誰よー大人で水ぼうそうになんてかかる人は
ドタドタ
ガチャ
！
あっお母さん
先生…聞こえてましたよ…

85. カウントダウン

…転園3日前…
パク
パク
トリペちゃん…
先生と保育園にさよなら言わなくちゃ…
ポツッ
トリペちゃんさびしいんだ…
トリペちゃん先生たちとさよならさびしいんだ…
いちばんスキなのはクラ先生
いちばんおもしろいのはカト先生
元気いっぱいイシ先生
やさしいのはユキ先生
トリペ….

86. なみだ、なみだ

保育園最終日
バイバイしなきゃいけないの？
朝から何度も聞かれる
ごめんねェごめんねェトリペ…
ウッ ウッ
画材
仕事
本
水ぼうそう. 泣きながら荷造り…
ずーん…
えっく えっく
よせがき
水ぼうそう先パイも泣きながら帰ってきた…

87. ひっこし日

そしてひっこし日…
ちょ…アンタ…
母参上!!
ばあちゃーん
あドーモドーモ
ボロ…
なんでこんなことになってるの…
やつれてない…？
あ…TELでお知らせしました通り水ぼうそうでして…
大丈夫ですか…
ひっこし屋さんがやってきて…
きたなっ

88. トリペの不調

水ぼうそうが終息を
むかえ…

荷物もだんだん
空いてる段ボールが増え
始めた頃…

なんだかんだで
ひっこし完了です…

あけちゃダメ!!
ぎゃあああああ
3時間後…
静かになった…
しーん…
w.c.
そー
10円玉
天岩戸をソッとあけてみれば
トリペ…
スウ
スウ
そこには便器にまたがったまま
眠る天照大神の姿が…
ここっ
やっぱりやめ!!
もう決められないならこっちで決めるよ
やだっ
1時間以上も食卓のイスを
決めかねてウロウロしたり…
(その当時は気分によって座りたい
ところに座っていた)
わーんっっ
W.C.
トイレにカギかけてろう城したり…
W.C.
うぎゃあああ
ちょ…トリペ…出てきて…っ
もれる…
近くの公園に行ってきたら?

どうしよう…明らかにこだわりが強すぎて…
3時間ろう城…
あら～心配なら病院つれてってみんけん…
転園のストレスかなー…でもまだ新しい保育園行ってないし…
病院…
んー…
行ってなくても環境かわってるからストレスに…?ん?
3月上旬にひっこしたので次の園に入れるまで時間が空く
水ぼうそう
水ぼうそう
ひっこし
ん…?
私たち…いつから外遊びさせてない…?
気づけば3週間…!!
うそ…
大人の…時の流れはおそろしいほどはやく…
トリペごめん公園いこう公園!!
サラー
もく
もく
うん…一心不乱に砂であそびつづけてる…
そうして砂であそびつづけること半日…
ただいまっ
スッキリ
おいしいねっ
なんか…つくづくごめん…
キラキラトリペが戻ってきた…

89. 今さら

入園準備をしたり…
園によっているものがちがう…
あそんだり…
ひーっっ
仕事したり…
片づけたり…
なんじゃこれっ
ひっこし
ひっこし
書類もってったり…
(転園先は第6希望の2駅向こうの園…)
いやーめんどくさいわ!!
ひっこし!!
でもキミ…ひっこし魔だよね…

90. 新しい保育園

さて入園ですが…

カメ…

以前の保育園の規模に比べると
半分くらいのサイズで

あ、何かございましたら
このノートに…
荷物、外にかけといてくださいね

連絡帳も普通のミニノート

以前は

表にご飯の内容
ねた時間、
おきた時間
体温、便など
細かくかく紙が
あった

荷物…
な、なんか
すごいな〜…

大人の親でさえ、
あまりの変化にビビっているのだから

トリペがビビるのもムリなし…

91. 慣らし保育

初めての園なので
慣らし保育があり…

うわーん
遠いよーっ
ガショ
ガショ

本日は給食食べて すぐお迎え…

給食
前の保育園の6割ほど…
給食 4/3
少なっっ
給食の先生自ら
おかわりもってきてくれた…
大食らい
乳児…
マンマー
給食が足りなくて
泣いた乳児時代
ヤバい…この量
絶対足りない…
元気でしたよー
え？それだけ？
トリペちゃんがコウくんと手をつなぎたがって
前の園
開口一番
おなかすいたっ
いちばん最初に
連絡帳にかくのが
「お昼足りない」ってのもなー…
……
ガブ
ガブ
もう1度
おひるごはん

92. キモチあっちこっち

出ちゃった…
まあ環境の変化もありますからあせらずに…
すみません…
今までほぼなくなっていた
トイレの失敗がふえて…
先生がねーオニギリマンのお面してねー
帰り道
楽しそうに園での話をするものの
保育園行かないっ
朝は毎朝登園拒否…

前はあんなに保育園好きだったのに…
ってか一ケ月ほど家で自由にくらしてたしね…
起きたい時に起き…
やりたい放題…
卵焼きももってこー
ははは!!
公園公園!!
あはなはな
ははは
ああそうだった…
ぼや〜〜…
仕事たまってるよ…

あっ ニャンニャ!!
大丈夫かな…
…お母ちゃん
ん? なに～?
出た
ピラ
だから言ったじゃんっ
トリペ走ってエーッッ
まだまだ信用できない尻…

93. パンツの日

日中パンツで過ごしてみましょう!!
よかったねトリペー
たまに失敗しながらも
日中はパンツで過ごしていた
トリペですが…
えっパンツのまま帰るの?!
30分以上かかるよ? おしっこ行った?
いった!!
それですっかり自信を得たようで…

94. 泣きおとし

じゃあ行ってきまーす
はーい お父さん 行ってらっしゃーい
ぐずぐず
とっちゃ〜!!
わーん!!
いっしょにくらそーよー!!
…?
いっしょにくらそおー
くらしてるっ くらしてるよっ?!
?!
先生へのアピール

ギカー
いっしょにくらしてェ〜
どこで覚えたんだ…

95. おなまえ

トリペロ
?
あっ しまった!!
ついオムツに自分の名前を…
いいんじゃん? 入れとけば

96. 自信

キリッ
おお〜
と!!
パチ パチ
と
とリ
できたっっ
んー…
パンツに名前かいていい？
とリ へ

97. そらまめ

ギ…
!!
めきゃっ
ハー
か〜た〜い〜
ギ〜〜
2歳のイライラをそら豆にこめるんだトリペ…!!
こっちも助かるし一石二鳥!!
よけいイライラしてない？

98. 昨日 今日 明日

今は今日?
ん?
昨日は? いつ?
な…難解なことを…
昨日は…ねる前の日 そら豆むいたのは昨日
ニャニャ みたのは?
それは今日の朝 おひるねは考えない 夜ねるとかわる
だから今からねると明日がくる
明日保育園ある?
あるよ
……
あ…もう保育園のコトしか考えてないな…
そんなにイヤなのか…

99. それなに？

今朝も登園拒否です…

トリペは
保育園のなにが
イヤなの〜？

おともだちは
みんな全部ダメッて
いうし トリペが
あそびたいオモチャないし
先生もつまらないもん…

トリペちゃーん
たしかに先生
前の園より
テンション低め…
トリペちゃん
ん〜〜……

ずいぶん具体的に出すぎて
かえって返答につまる…

まっそのうち
慣れるよ!!
慣れるって
なに…

100. 気分てんかん

夫の友人たちの集まりに
出かけました
トリペが新しい保育園慣れなくて…
まだ1ケ月たってないんでしょ?そのうち慣れるってーー
同じく子供を
保育園に預けてる友人
でもようやく慣れたかっ?って思ったらG.Wでまたふり出しに戻るんだけどね!!
あ〜…
そうだった…
ガク…
あれ?トリペは?!
トリペは ほぼ親元におらず…

101. イヤダイヤダの保育園

トリペがいやがっててさ…保育園転園
ミスった…
0歳から保育園通い

アタシなんか転園してなくても
ハハハ!
毎朝大泣きして母と先生困らせてたよ〜

心強いような…そうでないような…
そうなんだ…

毎朝登園いやがっててさ〜
どうしよう…
子供は案外強いもんやで!!

母親は子供が歩み出した道をだまって見守ることも大事!!
しっかりおし
…歩み出させたのも歩んでた道をかえたのも私なんですけど…

よしっ1年たってもまだ嫌がってるようなら
預かり保育やってる幼稚園通わせよう!!そうしよう!!

いろいろ相談したり、解決さくを自分なりに考えてふるいたてつつ…

保育園行かない!!…
ああ…

毎朝グラングランにゆれてる私…

102. 園では…？

保育園行きたくないって
言ってるんですが…
園では
どう過ごして
いますかね…
えっ
そのうち
慣れますよ〜
お父さんと別れる時は
泣いてますがあとは
楽しそうにやって
ますよ〜
ホ…
トリペの不安は
私の不安や迷いが
伝わってたのも
あるかもしれん…
とりあえず様子をみつつ
自分の思いは悟られぬよう…

103. がんばれがんばれ

今日…保育園…？
行きたくないよ…
いいよ
でもお父ちゃんも
お母ちゃんも
お仕事でいないよ
1人で大丈夫？
えっ
……
それは困るよ…
お母ちゃんもあそぼうよ…
お母ちゃんも
お休みの日なら遊べるけど
今日はお仕事の日なんだ〜

昨日みんなに遊んでもらったね～
みんな言ってたよ、トリペちゃんは
保育園で色々遊べていいねーって
お母ちゃん トリペの
かわりに保育園
行こうかな～
あれ？それより
はやく行かないと
おやつの時間
おわっちゃうんじゃない？
大丈夫？
えっ?!!
おやつ?!!
いってきまーす
じわっ
おーい
おーい
がんばれ トリペ
がんばれ トリペ
あ…ヤベー
〆切明日じゃん…
がんばれ 私…

104. 休んでばかり

ズ…
ズズズ…
ゲホ
ズビ
ゲホゲホ
オエッ
ゲポ
ああ…
また休み…

また風邪です…

105. ありがとう こいのぼり

病みあがりだから一段とテンション低いな…
しぶ しぶ

トリペちゃーん こいのぼりかざってるよー
えっ
見てきたら?
とっちゃバイバイッ
たっ
今日… 泣かずに行けたよ…
こいのぼりのおかげで…
こいのぼり?!

106. じいちゃんたすけて！

こうやって
のんのんするんだよ
じいちゃん…!! 早速で
悪いんですけどトリペが
保育園泣かずに行けますように…!!
ホントに
この子は…
早速じいちゃんに
頼る私…

107. どうぶつえんにて

動物園にやってきました
販売中
アミカの
ほらっトリペちゃん!!
いいものがある!!
オウッ
オウッ
えっあげないの?
なんで??

あ
ザ
え?
その時 私たちは
見たのです…
ピ
サギが…母の目の前で
ピッと空中に止まったのを…
ばくん
ギャーーッッ
とられた…
バッサ…
ノラサギめーっ
オゥ…
オウッ
オウッ
トリペちゃん…
やな予感してたんじゃない?
今日だけ
エサやり
やらない
なんて…
サギ…すごかったなア…

108. 朝から…

朝…
遊んでる…
パタン…
なっ なに!?
トリペちゃんが先にオシッコ出るのにく〜!!!
ぎゃあああああ
ドン ドン
遊んでたじゃんっ
ブー…ッ
朝のトイレでも こぜりあい…

109. 気づけば

いってきまーす
気づけば…
気づけば…
最近 夜泣きや 朝泣くのも 減ってきてます!!
よかったですー お友だちとも よく遊んでますよ
少しずつ慣れてきている様子…!!

110. 夜のおはなし

お・か・し・も よ!!
え?
おさない! かけない! しゃべらない! もどらない!
ああ… 避難訓練か～
こうやって みんなで したの
くす くす
楽しそうに話すようになって よかったなア…
グエッ ゲホッ ガハッ
大丈夫…?
また熱出すのかな…

111. キモチだけで…

ゴフッ
ゲフッ ガフッ
咳がひどいのでお休み…
くまくんの… お話ゴフッ してあげようか…
ゲフッ
ゲフ
ゴホッ
ガフッ
ゲヘッ
ゼー ゼー
ペラ
ペラ
おもしろかった?
ゲフッ
ゼー
ゴホッ
ゼー
トリぺちゃんが つくったの…
ガヘッ
ありがとう… もういいからね…

え?
え?
おなかすいたーっっ
わあああんっ
え?
トリペッ
どこいくの…?!
夫のところへ
行ったらしい
わーっっ
トリペ
なんだーー
ギャアアアア
うーん…このキゲンの悪さ…
病みあがりか… 新たな病気…
保育園がまたイヤに…
2歳だから…
んー…
心当たりが多すぎて 分からない…

112. 理由はどれ？

ギャアア
アアアア
久々に超キゲン悪し…
おもいー…
ずっと抱っこをしてないと
半泣き状態
絵本が
ないーっっ
ギャアアア
びっくぅ
久々に夜泣き‥

113. やはり2歳

我が家では引き続き
イジワル＆大あばれ、のトリペ
ですが…
ヘビー
園では意欲的に
あそんでますよー
踊りスキ
ですよねー
ホントだ…
やはり2歳のしわざなのか…？

114. ダンゴムシ

トリペがジッとしてるとき…
それはダンゴムシを見てるとき!!
ほいっ
丸まってる…
うぞ
うぞ
動き出したあーっっ
とってー!! とってー!!
ハハハハハッ

第5章

今度は、O・TA・FU・KU!?
& “お尻&2歳”からの卒業

115. また…

おじいちゃんと おばあちゃんちへ
行きました

カエルッ

畑でカエルをみたり…

ちょっと!! 1つくらいちょうだいよーっ
フイ
もぐもぐもぐ

とてつもなく大きな団子を
1つも分けてくれなかったり…

お花～

それは楽しく過ごしたのですが…

帰る日…

38℃…

大丈夫かしら…
まあ連れて帰るだけですから…

耳いたい～
ぐずぐず
耳?! 中耳炎?!

明日は病院やってるから行こうね…
夜中ひどくならないといいな…
ぐずぐず
カサ…
トリペおはよー!! どう?耳のぐあ
い…
…!!
ちょ…トリペッ おたふく風邪だっ
えええええっ
いたい…
グズ
グズ

116. まさかの

これだけ両耳からあごまでキッチリはれてたらいたいでしょうね…
39.2℃
完璧なおたふく風邪でした
ひーん
夫は予防接種のみだったので念のため追加予防接種…
そうだったんです おたふく風邪で…
あら〜
しばらくバタバタして落ちついた頃 おじいちゃん おばあちゃんにTelを…
実は…ワタシも耳の下がはれて熱が出て病院に…
えええええっ
お義母さんもおたふく風邪に…

117. ゆだん

あっそうだ 今日の夜ごはんさ～
何たべたい
ぎょうざ
他にはある？
んー
くるっ
コーン スープ…
？
そうだった… おたふくだった…
ドキ
ドキ
たまに忘れていて びっくりする…

118. 完治！

治ってよかったね～
こんな顔だったね…

おたふく風邪完治!!

あのものすごいキゲンの悪さは潜伏期間だったのかしら…

ごきげんで登園

みて～
あっつくったのー

ごきげんで帰宅

飾っとこう!!
子供の日ずい分前に終わったけど…

やれやれ…

ある日のトリペ

ハサミ

はいっどうぞ!!
ペラン

がんばった
根気強くやってましたよー
すごーい!!
そうか…もうハサミ挑戦できるのか…

119. 反省

トリペちゃん あのときわるかったな…
え?
急に反省しだす…
マナくんにおイス とられて エイッて 押しちゃったの…
聞くと半年以上前の話で…
一体幼児の脳って どうなってんだろ…
??
くすん くすん

120. どうぞ

梅の木かぁ〜
スズメさん よろこぶ かしらね…
ケーキよ…

うぞ
サッ
うぞ
あげる～

子供の成長は早い…

とれるか!?
オムツ①

うれしい悩み

もたつき感のない尻…!!

そういえば ほぼパンツで
過ごしています

安い…!!
しかしあと何枚使うんだ…!?
もう買わなくても
いいのか…?!
Sale

うれしい悩み…
オムツ卒業までのカウントダウン…?!

121. 負けた…

ダンゴムシいたよー

ひき続きダンゴムシに
夢中です

よくそんなとこに
のせたね…
動くからね…

…とか言ってたトリペですが…

お母ちゃーん

122. カエル

トリペなにしてるの
カエルだよ…
部屋であばれないのよ…
ぴょーん
フイ
聞きやしない…
!?
ぴょー
たたみ…
カエルッ?!
どうしたカエルッ?!
ひっ
血だらけっ
ユラ…

123. お姉ちゃん

1歳の男の子が
あそびにきました
ほらー
お姉ちゃんだよー
キャキャキャッ
ササササッ
翌日 保育園…
わ…今日クラスの個人写真とる日なんですよ…
えっ
チューリップぐみ
トリペちゃん
あああああ…
その後
クラスの1年の
思い出の表紙
にも流用…
トリペちゃん
あああああ…

ハイ…
ポイッ
ササササッ
あらら 眠くなった?
アーン アーン

これっ いいよ!!
自分の おひるね布団
ズルッ
眠いね～
アーン アーン

…
ポカッ
おおっ叩き返さないっ
エライぞトリペッ
ユキちゃんお姉ちゃんまだかな〜
年長さん
登園を待ってるトリペ…
いつものトリペは
保育園で年長クラスのお姉さんに
優しくしてもらっているのだった…
これ…
ありがとう
なでなで
いつもは…あのやりたい放題のトリペが…
小さい子を気づかっている…

124. じかん

トリペー あの長い針が
1番上にいったら
出るからね
?
!!
カチッ
これ
動いてるよう〜
そうなんだよ…
時は流れているのだよ…

125. はらぺこあおむし

はらぺこ
あおむし
たっべました〜♫
そんで〜も
やっぱり〜
おなかは
ペッコペコー♪
へー
今は歌や
おどりが
あるのか…
イキ
イキ

126. かいがいしい

シュ〜
高熱でダウンです…
オリ
オリ
ボフ
あつい…
セッセ
セッセ

ありがとう…トリペ…

127. ことば

ビーズや
チェーンリング
ハイ!! これあげるからね!! 食べるのよー
あっ…
はやく食べないからよ…
すいません…

いつも言ってることを言われてしまう…

128. イモ

129. 青空のもとで

130. ことば2

びっくぅ!!
ギャアアアアア

最近 明け方に ねぼけて 泣くことが
多いです…

絵本おとしちゃったあああ
ちょっと…今5時だから…大きな声で叫ばない…

お母ちゃんは起きなくていいっ
死ねっっ

ガーーン

ちょっと…その言葉どこで
覚えてきたんだか知らんけど…
「死ねっ」ってどういうことか分かってる…?
この間じいちゃんが

またじいちゃんに手を借りる私…

とれるか!? オムツ②

もしかして!

おはよ~…

トリペル!! 寝てる時もおしっこ出てないぞ!!
すごいっ
そうなの? じゃあまたはけるね…

もう夜もオムツ卒業か…?!

131. よかったなあ

ゲフン
ゲフン

また風邪をひきお休み…

みりちゃんや先生、待ってるかなー…
ゲフン

ちょっと前まであんなに
保育園行くのイヤがってたのに…

132. お父ちゃーん

さようならー
さよならー
お迎えが1歳児のコと一緒になった…
まだ赤ちゃんだけどもうおっぱい終わったの？
うん終わったよ
すごいねー
お父ちゃんっもうおっぱい終わったってー!!
いえっワタシが聞けと言ったわけではありません…!!
ペコ…
サササ…

133. ホラふき

パンダは羽が生えていて
たくさん飛ぶのよ——っ
ペラ
ペラ

ホラが止まりません…

パンダはゴリラを食べて
ゴリラはパンダを食べるのよ!!
ナニソレ
コワイ…
…パンダは笹を食べて…
ゴリラはリンゴとか食べるよ…

ちがうっ
パンダはゴリラ食べるのっ
カン
カン
うへェ〜

おまけに まちがいを
指摘するとカンカンになって
怒る…

134. まだまだ

♪月よう日〜 リンゴを 1つ 食べました♪
…早く寝な…
あとでねっ

135. ラズベリー

あれっ

すっぱいんじゃない？
食べられるのかな～

ラズベリーの枝が垂れてるのを発見…

これはすっぱいからジャムにするのよ～
プチッ

家主さんがたまたま出てきてくださり…

どうぞ～

ペロ…

すっぱ!!

そ…
おうちでおさとうつけて食べよう…

136. ブルー

ぐず
ぐず

また ぐずぐずっコです…

あ

…おしっこ出てしまった…
ズーン…
もうオムツに戻りたい…

ちょっと落ちついて…

ブルーな2歳…

137. あそこにも2歳

ほらっもう散々泣いたでしょ
ぐず
ぐず

最近はキモチの切りかえにも
時間がかかる…

同じくらい…

…トリペちゃんが泣いちゃったから泣いてるのかなァ…
そ、そうなんじゃない…

2歳いたるところでグズッてる…

138. ファッションセンス

トリペさん…
？
それで…いいの…？
ピンク
赤
ト、トリペさん…
他の色のズボンもありますよ…
いいのっ
最近は自分の趣味につっぱしったファッションをしております…
えっと世界のみなさま このコーディネイトは
ワタクシでは 断じて ありませんっ
キリッ

139. 夜がきた

あれ？ お母ちゃんは？
まだお仕事だよ 夜帰ってくるよ
あっ夜…
？
だっ
トリペ?! どこ行くの?!
夜になったから お母ちゃん 迎えにいくの!!

140. ごしょうたい

お父ちゃーん!!
トリペちゃんのへや入っていいわよ〜
(リビングの角…)
ハーイピンポーン
これはピンポンじゃないっパクちゃん!!
ばっ
パクちゃん
あ…っすいません…

コンコーン!! トリペさーん トリペさーん
かぎ、あいてるから
あっそうなんですか
……
やられっぱなしだ… 夫…

141. おみせやさん

せっせ
せっせ
いらっしゃいませ〜
いらっしゃいませ
いらっしゃいませ
呼び込み…
あっハイハイこんにちは〜…
えーっと…じゃあコレ…
パン…
それは売ってません
え?!
売ってません
じゃあコレは…
それも売ってません
ひどい店じゃ…

142. おみせやさん2

いそ
いそ
お化粧やさんよ
今回は売らないで店のモノに手をつけてるな…

143. プール開き

いそ
いそ
いってきまーす!!
今日からプール開きです
…雨がふってきた……
お…おかえり……
開かれず帰ってきた…

144. なにでできてる？

きもちいいねー♡
プニ
プニ
おもちでできてるからね…
……
えっ

ねずみがこうやって
おもちをこねてこねて
できたのがトリペちゃん
なのよ!!
得意気!!
ほ～
すごいな…ねずみ…

145. みがるにおでかけ

ベビーカーをもたずに
バスにのり….
バーゲンへ…
あれみよう!!
ウインドーショッピングもし…
お昼ごはんを食べて…
オムツも一枚ですよ…!!
ベビーカーもナシ…!!
ぐずらずに帰ってきたんですよ…!!
感動…!!
体力ついてきたなあ… トリペ…

146. 過去のわたしへ…

トリペどこかな〜
お迎えです
トリペ〜
あっ いたいた

フイッ
アイツ…ッ ムシした…っっ
ちょ…トリペ… さっき気づいてたのに 知らんぷりしたよね…
えっ?! 気づかなかったんじゃない?
いやいやいや 気づいてたでしょ…
まだ遊びたいんだよね…
……
えっ?!

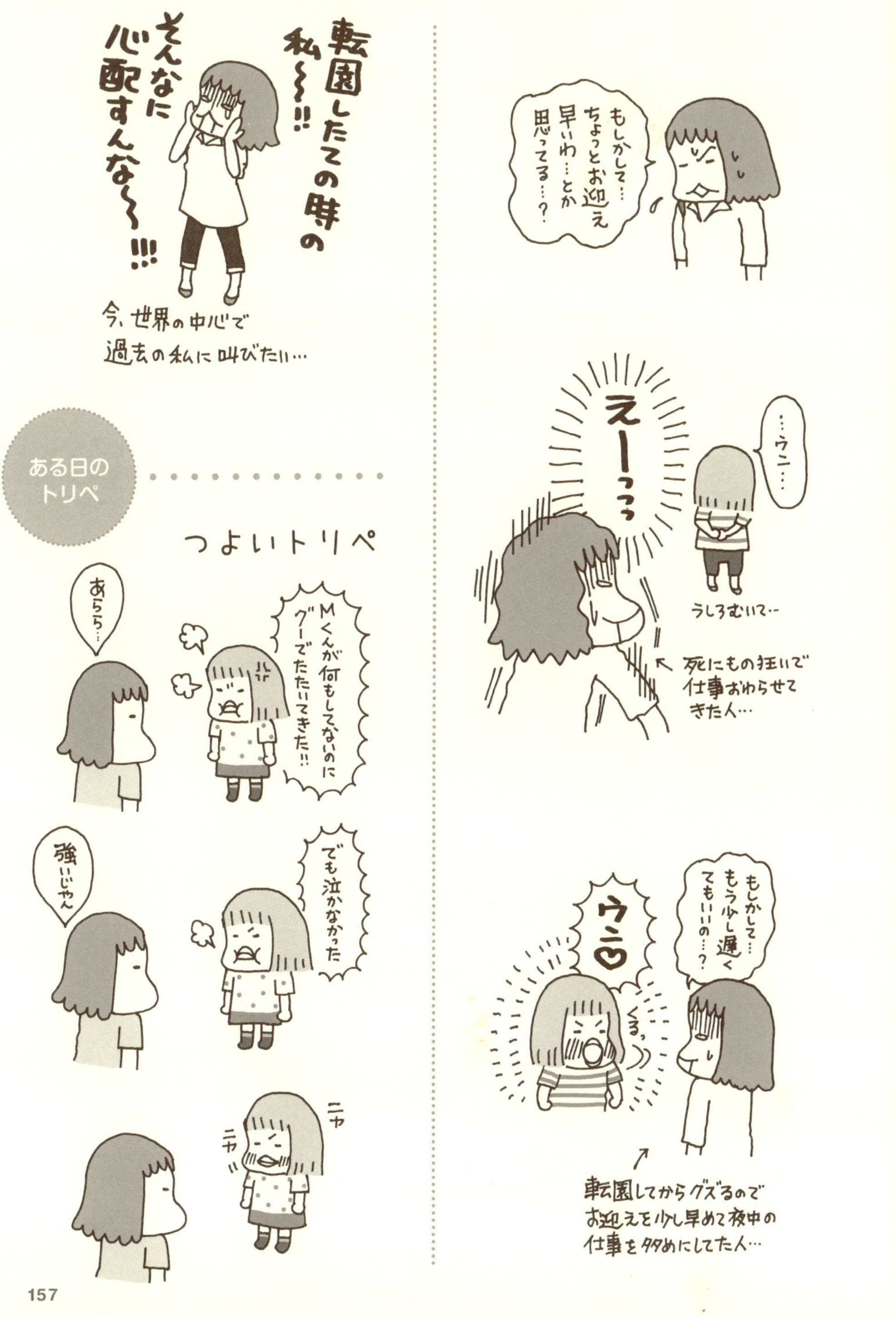
転園したての時の私～～!!
そんなに心配すんな～～!!!
今、世界の中心で
過去の私に叫びたい…
ある日のトリペ
つよいトリペ
あらら…
Mくんが何もしてないのにグーでたたいてきた!!
強いじゃん
でも泣かなかった
ニヤ
ニヤ
もしかして…ちょっとお迎え早いわ…とか思ってる…?
えーっっっ
…ウン…
うしろむいて…
死にもの狂いで仕事おわらせてきた人…
もしかして…もう少し遅くてもいいの…?
ウン♡
くるっ
転園してからグズるので
お迎えを少し早めて夜中の
仕事を多めにしてた人…

147. 目をはなしたスキに

先生
先生

ダンゴムシ
つかまえてよ

ほらっ
いっぱーい

あ…
逃げられてる…

148. やくそくよ

今日の給食のキツネうどん、とってもおいしかったのよ〜

トリペちゃん大きくなったら
お父ちゃんとお母ちゃんにつくってあげるからね!!
一緒に食べようねっ
待ってる…超待ってる…!!

149. おきゃくさん

?
あれ…葉がへってる…

大事に育ててた木の芽…

なんじゃおまえはーっ

よくみたら、
はらぺこあおむしが…

アイツの正体は…

退治する前に調べてみる…

アゲハチョウの幼虫…!!

パンクロー!!
名付け

残留決定…!!

150. その後のおきゃくさん

最初はかわいかったのに…
パンクローかっこよくなったね…

パンクローはどんどん進化して
いった…(あえて描きませんけど)

どうしようあと数枚でなくなる…
子供だけじゃなく虫のごはんの心配もする我々…
もう一株買いにいく…?

パンクローは私の大事な
木の芽をモリモリモリモリ食べて…

おおおっ
セーフ…
とうとうさなぎになった…
(葉を1枚だけ残して…)
トリペは毎日パンクローを見守り…
ちょうちょになったらお空にはなしてバイバイって言おうね
見守り…
さ…さなぎに寄生するハチがいるんだって…!!
どうしようパンクローが食われてハチが出てきたら…
うわあああああ
落ちつきなよ…
私は私でいろんなこわい知識で頭をいっぱいにし…
そしてよく晴れたある日の朝…
おっおまえさんはパンクロー?!
わーっトリペーおきてっ
パンクローがっ

おきて〜
ほらっ パンクローが 立派なちょうちょに
……
あみ戸に つかまってる パンクロー
あっパンクローだっ
ヒラ…
トリペがみたのを確認するように
2回ほどヒラヒラッとまわってみせ…
また 遊びに きてねー
パンクローッ 元気でねーっ
大空へはばたいていった…
パンクロー… トリペちゃん 待ってて くれたね…
ねェ…
ありがとう…ありがとう…
パンクロー….
えっ… パンクロー 巣立ったの…?
うわっ ごめん… トリペ起こすのに 必死で忘れてた…
あっ パンクロー じゃない?
それからしばらくどこで
アゲハチョウみても…

151. おかあさんカット

とか
トリペ髪が のびました
とか
保育園の友だち
みーちゃんみたいに、する!!
よっしゃ まかせとき
チョキ
チョキ
わーっ
かわいいーっ
お母ちゃん上手っっ

152. れんしゅう

みーちゃんに キライって 言われた
ボソ…
なんで?
わかんない
じゃあ次言われたら 失礼しちゃうって 言って やんな
失礼しちゃうっっ
失礼しちゃうっ
ブツ
ブツ
練習 してる…

153. おみせに…

お父ちゃん…
そろそろ
トリペちゃん
にも
おチンチン
はえてくるかしら…
えっ
トリペは女のコだったから
お父ちゃんおチンチン屋じゃ
なくておヘソ屋にいったんだよ…
えっ
おへそ…
そろそろはえてくると
思ったんだって?
ハハハ…
みーちゃんにはえてきたから
そろそろだと思ってね…
えっ
うそ〜
はえて
なかったよ
スタタタタ
都合がわるくなると
すぐいなくなる…

154. 公園にて

髪のびてきた…
父と公園…
妹3歳くらい!!
お姉ちゃん5歳くらい
先客…
お水があればいいのに〜
!!
ジャー
ハイ…
ありがとー
一緒にはあそばないんだ…
充分楽しそう

いいね!!
……

ある日のトリペ

気になること

○○ちゃんとこ 男の子 生まれたって
わー!! やったあ!!
…おちんちん屋さんには もう行ったのかしらね…
…… どうかな…

155. うそ…

今日は忙しかったので
お迎えがいつもより30分
遅いです…
おーい トリペー
いつもより遅かったけど どうだった?

156. みててねー！

お母ちゃん見ててー っっ
公園にきました
見てーっっ
トリペちゃん立ってこげるようになったのよー!!
すごーいっっ
父とこっそり練習してたらしい…

157. まだまだ信用できず

赤ちゃんじゃないんだからパンツで寝させてよっ
朝イチからお怒り…
めっちゃ出てるからまだムリですよ…
もた～～ん
カニ
カン
夜…出たり出なかったりのトリペの気まぐれの尻…

158. デビュー…？

最近よく
パンツでねる!!
と言われるんです…

でも寝相が悪くて
いつもちがう所にいて…
おねしょシーツも意味をなさないので決心がつかなくて…

うーん…失敗はあると思いますが…
本人が「お姉さんになった!!」という自覚が出てきた今はいいチャンスかもしれないですね
今は洗たく物もかわきやすい時期ですし…

オムツ、赤ちゃんにあげちゃう
ホ…ホントに…？

ある日のトリペ

あこがれの小学生

トリペちゃんは大きくなったらどのお友だちと小学校行くのかしら…
ホゥ…

159. こもりうた

お母ちゃん 寝かして あげる!!
えっ… ありがと…
♪なーつは とっても ステキ だな♪
子守歌じゃ ないのか…
あの… トリペさん…
バシッ バシッ
盛りあがりすぎ…

160. 雷さま到来

ゴロゴロ…
あっ雷…
ゴロゴロ…
ボソ…
…おへそ さがしてる のかな… 雷さま…
サッ
ぎゅっ
力入れてる…
ぎゅっ

161. ブランコ

わきの下をもって…
ハハハハ
ブランコー!!
昔は天井までいったのになあ…
トリペちゃん大きくなったからね!
エヘへ!!

162. 神経衰弱

神経衰弱…
ペラ…
ペラ…
そ…

163. ぼんおどり

おじいちゃんおばあちゃんの
おうちの近くで おまつりです
ぼんおどり…？
あれ、いってくる
えっ…
え……
スタタタタ
ほとんどセミプロの踊り手さん…
おお…っ
入った…
うまいな…
楽しそうだね…
パチン☆

164. カンカン！

プリ
プリ
トリペがカンカンになって
怒って帰ってきた…
ど…どうしたの？
小さいくせに
カンカンじゃないか…
ユキちゃん
お姉ちゃんに
"赤ちゃん"って
言われた…
年長さん
もうずい分
お姉さんに
なってるのに!!
…ねェ…

165. 気前よく！

さるすべりの花を
たくさんひろって…
ケーキよ
1歳クラスちゃん
いいよ!!
姉さん!!

166. 夢見ごこち

とれるか!? オムツ③

とうとう…!

やってもいいよ
あ…ありがと…

一言から立場が逆に…

167. おなかマッサージ

ちょっと食べすぎた…

おなかマッサージして～
ホイホイ

スベスベ…

けっこうマッサージするのスキだよ～
えっ?!

168. 区別

明日O先生くるってー♡
よかったねー
保育園でスキな先生

……

今日O先生くるってー♡
今日と明日の区別がついてきたね…

とれたぜ!!
オムツ

さようならオムツ…

オネショシーツあってよかった~
ああ~
つめたい…

何度かの失敗をくり返し…

でもオネショシーツはしばらくしてね…

やっとオムツ卒業できそうです…!

169. セミの抜けガラ

ちょっとヒンヤリするねエ…
…セミは抜けガラ着てるんじゃない? 大丈夫よ…
えっ?!
セミ?
セミはね…
セミは寒いときや
眠るときに着るために
必要だから木の上や
葉っぱの上においてあるのよ
へえ~!!
知らなかったよ…

お絵描き
お父ちゃん 描いてあげるー
これはー アンパンマンで
それはうさちゃん
それは ねこちゃんでー
今まで1枚の紙に1人 だったのに仲間が…

あそぼうよ！
車に のらないかーい
座イスが 車に…
お父さんも お母さんも 子供も のろうね
ぽつーん…
遊びにさそわれては ほっとかれることが 多い…

ある日のトリペ

少し前
テコ
テコ
ピョン
スタタタタ…
おお… 走り方が なかなか 様に…
スタタタタタ
スタタタタ…

170. ヒラヒラ

その服ステキねーっ？
え？これ春トリペ着てたよー
知らなかった…女の子っぽいもの…♡
あ…じゃあコレ保育園用にしてあげようか？
よかったー♡
ホウ…
…もしかして…

いつもの服はちょっと男の子っぽいなーとか思ってたの？
ちょっとね…

171. はじめての絵の具

クレヨンで描いて…
絵の具!!
はじくのが気になるみたいで何度もぬってましたよー
?!
目に浮かぶなあ…

172. おやつよ

お母ちゃん お母ちゃん
コレねっ おなかすいたら 食べるのよっ
トリペちゃん 保育園 行ってくる から!!
あっ ありがとう ございます…
いつもお気づかいいただいて
すみません…

173. よかったなあ…

最近 べったりです…
最近少し グズグズしてるし また熱か…?
明日は 休み?
保育園 あるよ
やったあ!!
またこの言葉が 聞けるように なるとは…
もうすぐ3歳です…

おわりに

前巻、『はじめてエブリデイ』よりだいぶ間があいてしまいました。

私が当時、忙しいのにかまけて、絵日記を描くのをサボっていたからです…。

その間、待っていてくださったみなさま、「4巻楽しみに待ってます！」と声を届けてくださったみなさま、ありがとうございました。

本当に励みになりました…。

今回は、ほぼほぼ描き下ろしでして、当時の連絡帳やメモなどを参考に描きました。

記憶というのは不思議なもので、そういうちょっとしたきっかけで、ぶわーっといろんなことを思い出すのですね…。

たまに「めんどくせ」と思ってたこともあった、保育園との連絡帳。今では何よりの宝物になっています。

2歳というのは、一般的に「魔の2歳」とも呼ばれている、それはそれは育児における歴史的革命時代といいますか…。あんなにヨチヨチとかわいかったあのトリペが、あんなに日々、文句&絶叫&号泣の日々を届けてくれるとは…想像もしてませんでしたよ…（白眼）。↘

転園のこともそうなのですが、2歳時代では、育児における「じっと待つこと」の難しさ、大切さをいやというほど体感した気がします。

私は子供の頃、母に「脳がくさる！」と言われるほど、のんびりしていた子供だったのですが、その私が、今では割とせかせかと動くようになり、先を予測してはヤキモキしたりしています。

人はいつから時間をなくしてしまうのでしょう。

子供にはおどろくほど時間があり、そしておどろくほどのスピードで成長をしていくんですね。

先が予測できない「子供の未来」というのは、必要以上に焦ったり、ヤキモキしたりするものですが、そこをとりあえず「じっと待つ」というのは、とても難しいけど大事なことなんだなあと思いました。

転園への慣れも…おむつ卒業も…2歳のイヤイヤ時期も…時が解決してくれることは大いにあります。↖

この巻では、私のことをとても大事にしてくれた祖父が亡くなります。祖父は私のことを忘れたまま逝きましたが、祖父が私に何度も何度も小さい頃のことを話しては目を細めてうれしそうにしてくれていたこと、今でもたくさん思い出せます。

大事な人がいなくなること。それは本当に耐えがたく、さびしいことですが、小さなトリペがそのかなしい出来事からたくさんの大人たちを救ってくれたようにも思います。

祖父の通夜で聞いたお坊さんのお話をのせておきます。

「厄年や、姓名判断や、占いや、方角や…。とにかく色々なことをして人間は、人生を思い通りにしようとします。思い通りにならないのが人生です。死は必然であり、生が奇跡です。仏様は亡くなることで皆さんにそのことを改めて考えさせてくれようとしています」

必然と奇跡。その合間で、私たちはいろんな思いを抱えて毎日を生きていくのでしょうね。

トリペの尻を心配したり、毎月熱を出されて白眼になったり…。奇跡的な毎日よ…。

長くなりましたが「まだモッチン出てこないのかよ！」と思っていらっしゃるみなさま…次巻はいよいよ「第2子妊娠」を軸に、トリペの毎日を描かせていただければな、と思っています。↘

最後になりましたが、自身以外の家族全員ロタウイルスにやられ、地獄絵図のなか、死にものぐるいでがんばってくださった編集西郡さん、読者の皆さんの生の声を届けて奮起させてくれた編集吉川さん、ものすごいスピードで手伝ってくれたS嬢、生意気とかわいさの間をいったりきたりしている娘たちと、サポートをたくさんしてくれた夫。

みなさん、本当にありがとう。

ご多忙の最中、すてきな帯をかいてくださった辻村深月さま、無理を快く聞いてくださり、本当に感謝しています。

そしてノロノロ執筆の『トリペと』を待ってくださって、読んでくださったみなさま。

妊娠・出産・育児の本として、知人友人にプレゼントしてくださったみなさま。

本当にありがとうございます。

また、次巻もがんばりますので、気長にお待ちいただけましたら、うれしいです。

２０１４年　吉日　コンドウアキ

2歳のまわりのみなさんへ

病院の待合室
おりこうさんねェ いくつ？
4歳 デス
あー じゃあ 元気いっぱいな 時期ですね～
4歳…さすが 4歳だわ… うち孫が 今2歳半で
はあっ…
そうなの…
あれやだ これやだ 全部やだ…
ジッとしないし… 言うこと1つも 聞かないし… どうなるのかしら… あのコ…
う、うちも そうでしたよ… 2歳ですから…
お察しいたします…
2歳をとりまく人々 がんば☆

今日もきまぐれ注意報

トリペと4

コンドウアキ

キャラクターデザイナー・イラストレーター・作家。文具メーカー勤務を経て、フリーに。「リラックマ生活」「リラックマ4クママンガ」シリーズほか、「うさぎのモフィ」「おくたん&だんなちゃん」など著作多数。

HP http://www.akibako.jp
twitter @kondo_aki

著　者　コンドウアキ
編集人　殿塚郁夫
発行人　黒川裕二
発行所　株式会社主婦と生活社
〒104-8357　東京都中央区京橋3-5-7
編　集　03-3563-5133
販　売　03-3563-5121
生　産　03-3563-5125
ホームページ　http://www.shufu.co.jp
印刷・製本　図書印刷株式会社

デザイン　コムギコデザイン
彩色アシスタント　宍戸奏子
校　閲　別府悦子
編　集　西郡幸子　吉川理子
Special thanks to TORIPE & MOCCHIN

Printed in JAPAN
ISBN978-4-391-14511-3
JASRAC 出 1405959-401